# Cómo convertirse en una

# Estatua Humana

Juan Carlos Constant Velasquez

**Título del libro:**

Cómo Convertirse en una Estatua Humana

**Autor:**

Juan Carlos Constant Velásquez

**Edición:**

Primera edición 2019

**Numero de registro en Departamento de Derechos Intelectuales:**

A-301360 DIBAM – Chile

**ISBN:**

9781090965233

**Sello:**

Independently published

**Numero de páginas:**

62

**Numero de palabras:**

9.413

# Contenidos

"El arte es una actividad humana consciente capaz de reproducir cosas, construir formas, o expresar una experiencia, si el producto de esta reproducción, construcción, o expresión puede deleitar, emocionar o producir un choque".

Władysław Tatarkiewicz, en Historia de seis ideas (1976)

# 1- Nota del autor

Este texto surge de la necesidad de comprender la belleza del arte, expresada a través de la personificación, y por qué no decirlo, "encarnación" de un personaje en un artista urbano.

Se deduce entonces que su interés por este título podría ser el deseo de saber acerca del proceso de transformación en una estatua humana, o tal vez, simplemente siente curiosidad por esta particular forma de expresión artística. Es posible también que resida en un país con bastante cultura y con barrios en donde se pueda encontrar alguna estatua humana, o, por el contrario, puede suceder que en su lugar de residencia no exista algún fenómeno artístico de esta naturaleza.

Así mismo, puede que usted ya haya tenido un acercamiento cultural a esta forma de expresión y desee saber un poco más allá y expandir su conocimiento sobre este tema. De todas maneras, ya sea la primera razón o la última, este texto promete ampliar su visión acerca de este tipo de arte, y no solo culturalmente, sino también motivarle a comenzar, partiendo por conocer su contexto histórico hasta experimentar la posibilidad de crear nuevas alternativas de personajes a medida que iremos aprendiendo sobre diferentes texturas, colores, efectos de camuflaje, etc.

Encontraremos igualmente una gran cantidad de información con respecto a la preparación previa y entrenamientos para el cuerpo y la mente. Estas técnicas han sido recopiladas de la experiencia de muchos artistas entre estatuas profesionales, profesionales de la salud y artistas callejeros, quienes tienen mucho que decirnos con respecto al uso correcto de la respiración, una dieta acorde, y la preparación psicológica que exige exponernos en un espacio público. Esto resulta muy enriquecedor, ya que conocer la forma en que otras personas han desarrollado sus técnicas y su preparación previa, además de su formación teatral, resulta bastante alentador e inspirador, por lo tanto, le invito a ser parte de este libro que parece simple, pero está hecho con mucha dedicación e interés en compartir con usted información relevante y la experiencia personal del propio autor.

Finalmente, este texto también contiene investigación sobre artistas que han trabajado como estatuas y nos han mostrado cómo es posible hacer dinero de este arte, de manera que, si usted lo está pensando, pueda encontrar una guía simple para comenzar su experiencia como artista del "espectáculo silencioso".

15 de enero de 2019

# 2- ¿Qué es una estatua humana?

Podríamos coincidir en que el término "estatua viviente" o "estatua humana" se refiere a una persona, que generalmente es un artista que trabaja en la calle, o que presta servicios particulares posando como una estatua o maniquí por un tiempo determinado, normalmente con maquillaje y vestimenta semejante a una estatua que simula ser de piedra, metal, madera, etc. Al mismo tiempo, se reconoce que éste traje ha sido confeccionado de forma artesanal y autónoma, por lo que resulta un efecto llamativo para las personas que lo aprecian.

Es conocido que la mayoría de las estatuas humanas posan en las calles con fines culturales, pero por sobre todo económicos, por lo que se entiende que algo va a suceder cuando dejamos caer una moneda en el sombrero o recipiente puesto en frente y de allí la magia que reside en cada estatua, y depende del artista y su capacidad de interacción con el medio, la apreciación que otros tendrán de sus movimientos, ya sean lentos y letárgicos o rápidos y sorpresivos.

Los artistas o intérpretes de estatuas vivientes suelen intentar engañar a los peatones, o al menos ese es el efecto buscado. Por lo que su campo no solo ha alcanzado la "performance" o "busking" en espacios públicos o plazas sino también espacios de internet en donde se pueden observar numerosos videos en YouTube y encontrar una gran serie de páginas con tutoriales y videos. Finalmente, las estatuas humanas han conquistado grandes escenarios y actualmente gozan de protagonismo en importantes festivales alrededor del mundo.

# 3-Historia del arte: Las esculturas humanas

Durante mucho tiempo el arte ha sido una forma genuina de representación de las emociones y del comportamiento humano, por lo que desde los tiempos más remotos el hombre ha tenido la necesidad y oportunidad de esculpir. Al principio lo hacían con los materiales más simples y que estaban a la mano: barro y madera. Después fueron empleándose la piedra, los metales y otros materiales derivados.

Los pueblos de la prehistoria hicieron esculturas relacionadas con la religión y los mitos. A veces eran simples amuletos, pero se han encontrado también en algunos enterramientos de niños, muñecos de todo tipo, algunos articulados como las marionetas.

Las grandes civilizaciones antiguas (Roma, Grecia, Mesopotamia, Egipto, Asia) realizaron grandes esculturas que representaban a sus dioses, gobernantes y a sus héroes. Utilizaban los bajorrelieves para narrar grandes batallas y escenas de la vida cotidiana. Estas civilizaciones supieron admirar la escultura como arte y dejaron para la posteridad figuras de adorno hechas por el simple placer de su contemplación.

El "tableau vivant", o grupo de estatuas vivientes fue una forma de entretenimiento que tuvo sus orígenes en el siglo XIX donde las personas usaban trajes y posaban como si se tratara de una pintura, era una característica regular de las festividades medievales y del Renacimiento, entre ellas, las llegadas reales de los gobernantes en las ciudades. Esta actividad consistía en un grupo de personas que montaba una escena sobre un escenario previamente decorado, colocado en la ruta de la comitiva, simulando un monumento.

Para representar una estatua humana se requiere una técnica específica en la que los actores no se expresan con palabras, sino únicamente con gestos. Esta técnica fue originada en Francia con el nombre de "pantomima", e implica arte gestual, por lo tanto, lo ideal es utilizar maquillaje en el rostro, manos y cuerpo tanto como la expresión gestual.

En el cine existen ejemplos de representación del tableau vivant (img.1) en autores como Peter Greenaway con películas como Nightwatching o Luis Buñuel en Viridiana, donde un grupo de mendigos representa La Última Cena de Leonardo da Vinci. También la película La hipótesis del cuadro robado de Raúl Ruiz transcurre como un misterio que se investiga a través de una serie de tableaux vivants.

(img. 1) Tableau Vivant por Oscar Rejlander, 1857. Esta imagen alegórica de tableau representa a un sabio guiando a dos hombres hacia la madurez. Uno mira hacia la virtud y otro hacia el vicio.

En los primeros años del siglo XX, la bailarina alemana Olga Desmond (img. 2) participó en "Vísperas de Belleza" (Schönheitsabende) en la que posó desnuda imitando obras clásicas de arte ('fotografía viviente').

(img. 2) Olga Desmond 1908 actriz de cine mudo, bailarina y actriz.

Hoy en día, uno de los lugares actualmente reconocidos a nivel mundial es el barrio de Ramblas en Barcelona, en donde se estima que las estatuas humanas comenzaron a hacerse conocidas a partir del año 1990, fecha que coincide con el movimiento de estatuas humanas registradas en Argentina (img.3), quizás por su vasta cultura popular, se han multiplicado las estatuas y se han convertido en un espectáculo público, que ha sido motivo para la concreción de festivales y concursos donde cientos de personas se agolpan para ver a las estatuas que participan por ejemplo, en el Concurso Nacional de Estatuas Vivientes de Buenos Aires organizado por la Universidad de Ciencias Empresariales y Sociales de la ciudad de Buenos Aires, que se viene celebrando en Argentina desde el año 1999, cuenta con versiones tanto en la Capital del país como en muchas provincias del interior, donde cada vez acuden más adeptos de esta nueva versión de "teatro del silencio".

(Img.3) Fotografía de los artistas participantes del Séptimo Encuentro Internacional de Estatuas Vivientes en Mercedes – Argentina **con** dos categorías: Clásica y De Performance. Será entre los días 12 y 13 de marzo de 2011.

En España, también se celebran muchos festivales y concursos de estatuas humanas en donde también existe la Asociación Española y Comunitaria de Estatuas Vivientes y Teatro que fue creada en el año 2006 y es la primera asociación que se fundó sobre esta temática, la cual tiene el objetivo de promover este arte, prestando representación legal a los artistas, y un espacio en donde almacenar sus trajes. Además, aparte de ser el único grupo de artistas-estatuas que está constituido legalmente, tiene validez para toda España y la Unión Europea.

Actualmente ya se han celebrado muchos festivales en diferentes partes del mundo, en donde destacan los festivales realizados en Holanda, el Festival Mundial de Estatuas Vivas (WLSF, por sus siglas en inglés) ha evolucionado durante doce años para convertirse en el festival más destacado del mundo, que se centra exclusivamente en artistas callejeros que actúan como estatuas vivientes; una forma de arte urbano única que continúa sorprendiendo y entreteniendo a audiencias de todas las edades (img.4) En este momento hay alrededor de 400 estatuas profesionales en todo el mundo. Todos se unieron a la WLSF y han formado la base del festival bienal único en Arnhem. La próxima edición del festival es en 2019 y dentro del programa se encuentran interesantes talleres y exposiciones.

(img. 4) Estatua humana posando frente al público en el Festival Internacional de Estatuas humanas en Arnhem 2018.

Muchas personas podrían pensar que representar una estatua humana es un arte fácil y cómodo, pero no lo es. El cuerpo puede darnos un gran dolor si no conocemos técnicas específicas, por lo que hay que saber respirar para oxigenar bien los músculos, evitando que se llenen de ácido láctico y se puedan originar calambres o agotamiento muscular, por lo que el cuerpo tiene que estar en total relajación cuando se practica la representación de una estatua. Esta técnica debe combinar la respiración, la concentración, el equilibrio y la armonía, por lo que hay que tener también dietas de acuerdo a estas características.

# 4- Algunas estatuas humanas en el mundo

Actualmente es posible encontrar una gran cantidad de estatuas en el mundo, en el internet podemos visualizar muchas imágenes y videos con un simple clic. Pero surge una duda que apunta a saber qué es lo que hay mucho más allá del personaje representado, en su mente, o que ha hecho o que un artista elija un personaje en específico.

En la Foto esta Boby (España), ella es una de las pocas estatuas en el mundo que está suspendida en el aire utilizando un mecanismo de suspensión fijo camuflado en el bastón de su brazo izquierdo.

Daniel (Chile) Pintado completo de dorado e imitando a Buda, Hace 20 años se dedica a ser estatua, haciendo dioses, guerreros e incluso árboles.

Adrián (Italia) está recreando una estatua de bronce. Solo bosteza y se estira un poco cuando una moneda cae en su plato, lo que más llama la atención de este personaje es su perfecta quietud.

"Desconocidos" en Italia, representando una pareja de novios en una calle de Berlín. En esta fotografía podemos ver que también es posible encontrar más de un personaje en una sola "performance".

Un artista desconocido (E.E.U.U.) representa a D.B. Cooper, un popular personaje de la cultura moderna de Oregon que robó un avión Boeing 272 y nunca fue descubierta su identidad.

14

Adriana (Argentina) nos permite apreciar el efecto de piedra en una calle de Buenos Aires, realizado con maquillaje finamente aplicado, imitando las grietas de la roca.

Mike (Italia) incorpora un elemento externo a su traje, perfectamente alineado en el color dorado, de modo que la cámara logra el efecto de ser parte de la escena.

Un desconocido (Inglaterra) en el "Covenant Garden" de Londres representa al Capitán Koplosky. Utiliza un color marrón oscuro semejante a las esculturas de madera mojadas por la lluvia, o al bronce expuesto al aire libre por muchos años.

John Mann (Alemania) ha influido enormemente en este arte durante muchos años en numerosos festivales internacionales. Ha sido campeón mundial en los años 2010 y 2013.

Jaime (España) también ha ganado torneos internacionales, en esta ocasión experimenta con la ilusión de una colisión. Se destaca el delicado trabajo de técnicas de suspensión.

Gárgola desconocida (España) que custodia una catedral de la famosa avenida Ramblas en Barcelona. Sus sorprendentes alas no pasan desapercibidas frente al publico

Danilo (Chile) ha estado representando al trabajador del cobre por muchos años en las calles del centro de Santiago. La extracción de cobre y otros minerales son la fuente principal de ingresos de su país.

Un desconocido en Lisboa representa a una estatua de bronce envejecido. El efecto causado y sus movimientos son sorprendentemente realistas.

Un desconocido violinista cansado (Rusia) se mantiene quieto por horas en un paseo peatonal.

# 5- ¿Puedo convertirme en una estatua humana?

Cualquier persona puede llegar a convertirse en una estatua humana de gran calidad, sin embargo, se debe tener en cuenta una serie de elementos externos e internos al artista que influyen directamente en su representación teatral, a saber:

- Elementos externos como el lugar de la performance, la gente que transita y su cultura, además de la influencia del clima traje y el maquillaje.
- Elementos internos como la personalidad del artista, su preparación teatral y conocimiento de la comunicación gestual, y, por último, su experiencia anterior en espectáculos de esta naturaleza y la capacidad de saber reaccionar ante los distintos improvistos que puedan generarse en el quehacer de la vida del artista de la calle.

Es por esta razón que se recomienda a todos los que quieran realizar este tipo de actividad, ser honestos consigo mismos y averiguar qué es lo que están buscando realmente, pues como cualquier otra actividad laboral/artística se pueden encontrar riesgos a los que hay que estar dispuestos a asumir y saber enfrentar.

Recuerdo hace algunos años haber vivido muchas experiencias que ayudaron a formar mi carácter y me hicieron aprender acerca de la psicología de las personas cuando observan un espectáculo callejero, como, por ejemplo, en una tarde mientras estaba posando en un paseo peatonal comercial bastante transitado, se acercó una mujer y me abrazó repentinamente. Entonces al sentir este abrazo y encontrarme con los ojos cerrados sentí también que esta mujer desconocida comenzó a llorar y a agradecer que yo estuviera allí para poder contenerla. Al pasar de uno o dos minutos esta mujer se despidió de mi (o de la estatua) y agradeciendo en todo momento se fue de aquel lugar. Yo en ningún momento le dije alguna palabra. Solo le di un abrazo de vuelta y eso fue todo. Nunca tuve claridad de su problema que le acongojaba, pero si sabía que en aquel momento, ella necesitaba un simple abrazo de contención.

En otra ocasión, viví una experiencia muy distinta, un conocido y simpático borracho de mi ciudad intentó quitar el sombrero de las propinas y llevárselo. En ese momento yo estaba moviéndome lentamente mientras observaba a una persona que me había tirado una moneda hace algunos segundos, cuando sin darme cuenta, este hombre quito el sombrero de su lugar. Logré percatarme de la situación al escuchar a un par de mujeres que le dijeron en voz alta que devolviera el sombrero. En el momento no tenía certeza de que si lo mejor era moverme y bajarme del pedestal de 70 cm. en el que estaba de pie, perseguirlo y encararlo, o simplemente dejar que se lo llevara. Sin embargo, para mi sorpresa, pude ver cómo otras personas que observaban lo que sucedía intervinieron de forma colectiva y unánime, llamando a viva voz a este hombre que devolviera el sombrero, que finalmente accedió diciendo que solo bromeaba. Lo curioso fue que tampoco tuve que moverme de mi lugar para solucionar mi problema.

Esta y muchas cosas son las situaciones que muchos artistas callejeros han vivido o es muy probable que vivan en la calle, por lo que es necesario estar conscientes de ello, y prepararse psicológicamente, pues aparentemente todo es posible cuando un artista se expone de esta forma en un espectáculo que muchos podrían apreciar y valorar, pero otros podrían intentar aprovecharse y robar o simplemente intentar pasarse de listos y jugar una mala broma.

El "estatuismo" se trata de un arte relacionado con el teatro y su relación con el espacio, como lo ha afirmado Etienne Decroux:

*«El actor debe cambiar su estatua dentro de su esfera transparente de vidrio tanto como el cielo cambia de forma y color»*

Esta afirmación expresa que esta actividad posee de manera indispensable, elementos tales como el de profesar valores como la armonía, la concentración, el equilibrio, el peso de nuestro cuerpo y su relación con la gravedad, la respiración y la conciencia del entorno para lograr resultados como los que comentamos más arriba, todos ellos acciones pertenecientes al teatro. Por lo que recomendaría que de forma paralela puedas practicar algún deporte o actividad que estimule el fortalecimiento de tu tono muscular y la conciencia de la respiración, podrían ser los ejercicios relacionados con la danza o de relajación y estiramiento como el Yoga o Tai chi.

Pero no solo la técnica de actuación es importante para ser estatua viviente, también los son el maquillaje, el vestuario y así también los elementos escenográficos o útiles que conformen la puesta, pues hay algunas estatuas tienen conectados elementos de sonido que se accionan por una moneda, otros directamente incorporan a algún músico que los acompañe en el movimiento, o incluso los más originales han utilizado animales entrenados. Es por eso por lo que estos puntos serán tocados más adelante con detalle para entregar una guía completa.

# 6- Eligiendo el concepto

Todas las estatuas humanas han comenzado con una idea, la cual debe inspirarse en un concepto, el cual debe ser idealmente claro y fácilmente reconocible. Esto hará de tu estatua una obra de arte sólida y bien pensada, lo cual será respetado por el público en donde sea que te desempeñes. De la misma manera, tener un concepto claro y un traje acorde a él, podrá ayudarte con los movimientos que escojas realizar cuando estés representando tu personaje.

En mi caso, he elegido un concepto basado en un personaje mitológico griego: Eros, o su equivalente romano, "Cupido" (img.5), al cual se le representa generalmente como ser alado, con los ojos vendados y armado de arco, flechas y aljaba, de lo cual he decidido no agregar la venda en los ojos por razones prácticas aunque es perfectamente posible con un poco de creatividad, pues se puede crear una venda en los ojos que permita ver a través de ella usando una tela transparente blanca.

(img.5) Estatua de Eros en Piccadilly Circus por el escultor inglés Alfred Gilbert (1854 – 1934) en Londres, Inglaterra.

Para preparar mi personaje entonces (img.6), he tenido que realizar una breve investigación previa para conocer a profundidad el color de la estatua, el material del cual puede ser hecho, los movimientos que podría realizar, el maquillaje, etc.

(img.6) Juan Constant (autor) en representación de "Cupido" en Arica – Chile ubicada en un paseo peatonal de esta ciudad. En la imagen se puede observar los detalles como las alas, arco y flecha del personaje.

De la misma manera, en esta parte del libro analizaremos estas formas de abordar cada uno de estos aspectos.

# 7- Preparando el traje: Accesorios

Una vez que nuestro concepto está definido podemos comenzar a pensar en el traje, el cual debe ser cómodo y fácil de poner y quitar, ojalá esta acción pueda ser realizada siempre de manera independiente.

Necesitamos entonces obtener primeramente la base de nuestro traje, éste debe ser bastante firme por lo que se recomienda estrictamente no utilizar telas delgadas y frágiles porque el viento puede empujarlas y moverlas, lo cual romperá con el efecto visual de la estatua fija, aunque el punto de ser una estatua humana es precisamente el movimiento, éste debe ser sutil, suave y sorpresivo, y aunque el traje debe ser rígido en su tela, no debe ser incómodo para realizar los movimientos. No pensemos en el color aún, sino sólo en la base del traje.

Por ejemplo, si usted desea representar a un soldado, debe entonces conseguir idealmente un traje original de soldado y no un disfraz de soldado, los que son hechos de telas delgadas y elásticas que no ayudarían a lograr el efecto que deseamos. Por lo que puede conseguir un traje real en tiendas de ropa usada o tiendas especializadas.

En el caso de que nuestro personaje utilice como base solamente telas, recomendaría el mismo consejo: Utilizar telas planas como la crea cruda, seda, o tela de gasa, que después de preparadas y pintadas mantienen un movimiento rígido cuando sopla el viento.

En cuanto a los accesorios como los zapatos, guantes, sombreros, pelo, o incluso armas, o cualquier otro accesorio complementario a la estatua la recomendación es la misma; a mayor relación entre el objeto real y la performance obtendremos un efecto visual mucho más creíble y camuflado.

## MASCARAS

Aunque he visto estatuas humanas que utilizan mascaras o cascos, no las recomiendo, ya que se pierde la riqueza de la expresión facial y la personalidad del personaje. La mayoría de las estatuas humanas profesionales o que dedican el 100% de su tiempo a esta a esta actividad nunca usan máscaras, porque esto influye en la forma en que este arte es percibido y lo hace ver poco profesional.

## EL COLOR

Esta podría ser una de las decisiones más complicadas en la elección de nuestro personaje, ya que define ampliamente todas las decisiones que tomaremos más adelante, porque, dependiendo del color que decidamos, va a depender el tipo de textura que queramos otorgar al personaje.

Dentro de la gama de texturas posibles encontramos las clásicas texturas de estatuas, que pueden ser el mármol blanco y mármol con colores, la piedra gris, piedra negra, metales como el cobre, hierro, bronce, la madera y el concreto. También es posible escoger colores de texturas de materiales no nobles como el plástico o materiales de fantasía.

Una recomendación muy estricta es que debemos priorizar por sobre todo es la concordancia entre los colores que usamos para pintar el traje o complementos como guantes o calzado y el color del maquillaje. Por ejemplo, si existen distintas tonalidades de blanco (img.7) y deseamos que nuestro traje sea color blanco crema no sería lo ideal compatibilizarlo con un maquillaje color blanco perla, ya que el efecto creado hará una distinción evidente perderemos el efecto visual deseado de estatua de "una sola pieza".

(img. 7) Mosaico de blancos: blanco / marfil / platino hueso / concha / lino perla / arena / champaña

Si usted ha pensado utilizar pintura en aerosol, debido a la facilidad de aplicación y precio conveniente, mi recomendación sería evitarla completamente por una simple razón: La pintura en aerosol es tóxica, y será un verdadero martirio intentar removerla de la piel de las manos o pies. Si usted decide utilizar pintura en aerosol utilice una máscara protectora y guantes, además de siempre usarla en espacios ventilados, y poner una base debajo del elemento que desea pintar para proteger la superficie sobre la cual va a pintar. Se recomienda también pintar en dirección a donde apunta el viento.

Podemos utilizar entonces una gran variedad de pinturas para cubrir nuestro traje, de la cual se recomienda también usar solo pinturas de tela en base a agua de la mejor calidad posible y que no se quiebre una vez seca. Estas pinturas también pueden ser el Oleo al agua con acabado mate sin brillo, o látex al agua.

Puede ser pintura de interior o exterior y si contiene algún componente antihongos es mucho mejor. Lo importante es cubrir el traje completamente y los complementos con 2 o 3 capas de pintura, pero sin llegar a un punto en el que el traje se vuelva completamente impermeable, ya que esto podría afectar la forma en que circule el aire caliente desde nuestro cuerpo hacia el exterior porque necesitamos que la transpiración no nos sofoque.

## EL MAQUILLAJE

Si su concepto utiliza maquillaje que solo se debe aplicar en el rostro, es importante como ha sido nombrado anteriormente, lograr la mayor concordancia posible entre el color del traje y rostro. Sin embargo, dependiendo del concepto, también es posible que desees utilizar maquillaje en el torso o incluso piernas, brazos y manos. Este tipo de estatuas humanas, en las que, se utiliza el propio cuerpo en contacto directo con el aire libre exigen una mayor cantidad de tiempo de preparación, el que podría tomar más de una hora de preparación, y aunque usted tu podrías cubrir la mayoría de su cuerpo, necesitará algo de ayuda para cubrir la espalda. Por lo que se recomienda usar trajes que permitan solo maquillar el rostro, orejas, y cuello. De la misma manera, utilizar maquillaje en casi todo el cuerpo puede significar un gasto considerable de dinero si solo utilizamos maquillaje adquirido en tiendas especializadas, por lo que, si tu opción es esta última, analizaremos entonces otras alternativas de aquí en adelante.

Normalmente, se utilizan los colores dorado, plateado, negro o blanco, ya que podemos encontrarlos fácilmente en tiendas locales de fiestas para cumpleaños o incluso perfumerías o librerías de arte. Pero también es posible crear tu propio maquillaje en base algunos productos fácilmente asequibles.

Para crear maquillaje casero necesitamos como base; crema hidratante para el rostro, un poco de crema de protector solar (la que sea de mejor comodidad), la que debe ser mezclada con polvos de color, lo cual puede ser purpurina, brillantina o incluso escarcha. Si usted desea crear maquillaje blanco, puede agregar talco para bebés, maizena u óxido de zinc. Estos productos deben ser mezclados hasta obtener una pasta uniforme y de acuerdo al tono de color que deseemos. El maquillaje siempre debe ser en base a agua, porque no debe ser difícil de remover.

También es posible agregar una o dos gotas de tintas de repostería para aclarar u oscurecer los colores, pero no demasiado, porque después no será fácil removerlo.

Finalmente necesitarás cubrir la parte rosada del borde de tus pestañas, el delineador negro ayuda a cubrir esto y aumenta el efecto de tus ojos de una manera que los hace lucir mucho más expresivos. Cubrir el borde de tus pestañas con el maquillaje del rostro puede causar ardor y picazón por lo que es mejor mantener el maquillaje usado en el rostro no muy cerca de los ojos. El delineador servirá para llenar este vacío.

## EL PEDESTAL

No hay otro accesorio más determinante que el pedestal que lo sostendrá, y por lo tanto, aparte de ser similar a un pedestal de estatua, debe ser práctico, liviano y por sobre todo firme. En mi propia experiencia he tenido que construir el mío con materiales fáciles de encontrar en carpinterías o tiendas en donde pueda encontrar listones de madera y media plancha de madera contrachapado o multilaminado. Si usted desea construirlo necesita utilizar algunas herramientas de carpintería.

Lo he construido de forma circular para hacerlo similar a los pedestales de cemento de las estatuas clásicas (img.8)

(Img. 8) pedestal para estatua de cemento.
Medidas: altura 75 cm. Base 36 cm. de diámetro. capitel 36 cm. de diámetro.

También es posible crear un pedestal de forma cuadrada (img. 9), los que también ofrece un interesante efecto. Como ha sido dicho anteriormente, es importante que exista la concordancia de color entre estos dos elementos.

(Img. 9) pedestal para estatua de cemento.

Medidas: altura 60 cm. Base 36 cm. de ancho. capitel 45 cm. de ancho.

## EL EFECTO "LEVITACIÓN"

También existen estatuas sin pedestal alguno, o con una estructura simple como un cajón cubierto con una tela e incluso, las hay con estructuras que simulan que el carácter levita (img.10). Esta última forma de pedestal se ha convertido en una de las opciones más populares, especialmente por el impresionante efecto causado y la inmensa creatividad de los artistas. Esta estructura metálica tiene un diseño simple, compuesto por una base y un pedestal que proporciona un asiento de descanso (img.11).

(Img. 10) Estatua humana simulando el efecto de estar "sentado en el aire" gracias a una estructura metálica camuflada tras la vestimenta anclada al pedestal, la cual permite que el artista se pueda sentar en ella.

(Img. 11) Concepto de diseño de estructura metálica para simular el efecto de levitación. La estructura se compone de una base metálica unida a un pedestal, el cual sostiene un asiento.

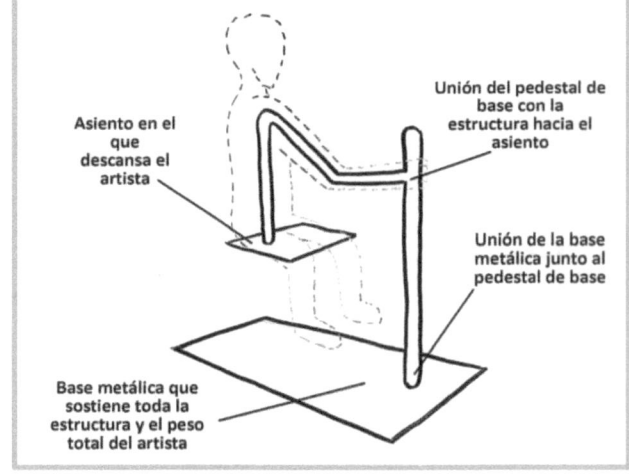

Asiento en el que descansa el artista

Unión del pedestal de base con la estructura hacia el asiento

Unión de la base metálica junto al pedestal de base

Base metálica que sostiene toda la estructura y el peso total del artista

Para desarrollar una estructura que nos permita causar el efecto de levitación o suspensión en el aire similar a la que hemos visualizado, debemos obtener los siguientes materiales:

## MATERIALES

-Una plancha metálica de 5mm. de grosor o más. De medidas iguales o mayores a 50 cm. x 50cm.

-Una barra de metal masisa no hueca de 2cm. de grosor o en su defecto un perfil de 1x1 pulgadas dimensionado en las siguientes medidas:

-1 corte de 1.50 cm. El cual será el pedestal de base y estará unido a la plancha metálica o base de toda la estructura.

-1 corte de 50 cm. Aproximadamente, ya que se debe adecuar al largo del antebrazo del artista. Este será la primera parte de la estructura escondida bajo la manga del antebrazo, que estará unida al pedestal de base.

-1 corte de 50 cm. Aproximadamente, ya que se debe adecuar al largo del brazo del artista. Este será la segunda unión de nuestra estructura escondida bajo la manga del brazo, que estará unida a la primera unión de la estructura unida al pedestal de base.

-1 corte de 60 cm. Aproximadamente, que será la tercera parte de la estructura unida al pedestal de base y hará posible la unión al asiento de descanso del artista.

## UNION DE LAS PIEZAS

Para unir las piezas necesitamos que un soldador calificado y con experiencia que suelde las partes de acuerdo a la ilustración. El artista debe procurar haber tomado las medidas de acuerdo a las dimensiones de su cuerpo, de manera que no existan errores en la realización de la estructura. El ideal de la estructura es que se mantenga siempre unida al cuerpo del artista y que se pueda esconder bajo el traje y que finalmente, pueda sostener el peso del artista sin doblarse con el tiempo.

Es importante subrayar que, para hacer de esta estructura mucho más fácil de mover, podemos utilizar uniones desarmables o desmontables dentro de las cuales podemos hacer posible que las piezas se unan a través de un sistema de pernos o de presión. Para lograr aquello solo necesitamos unir las piezas a tuercas soldadas en cada extremo. Mucho de ello depende de las recomendaciones que nos aconseje el soldador y de las posibilidades de acceso a materiales más específicos.

## COMO CONSERVAR EL TRAJE

Para conservar nuestro traje se requiere tener idealmente de un espacio amplio y a temperatura ambiente, recordemos que los accesorios y el traje han sido previamente pintados y además, después de cada sesión, aunque usted no haya realizado esfuerzo físico aparente, lo más probable es que su traje se encuentre húmedo en su interior como producto de la transpiración. Si queremos conservarlo intacto y en buenas condiciones debemos poner atención en que el espacio sea ventilado para evitar la formación de hongos.

Una forma más simple de evitar el contacto directo de la piel con el traje es usando una camiseta de algodón debajo del traje, aunque podría ser más caluroso, esto protegerá la piel del contacto directo con el traje, lo que reducirá el roce con partes duras que podrían causar irritación.

En cuanto al transporte, se aconseja mantener el traje y sus accesorios lo más cerca posible del lugar de la performance, de modo que no tenga que recorrer demasiados kilómetros cada vez que lo necesite, para así evitar que se deteriore. Transportar un traje y accesorios es una tarea bastante compleja, especialmente si usted utiliza accesorios grandes como alas, un pedestal, un animal (estatua) de compañía, etc. Por lo que también es recomendable guardarlo en una bolsa de género, para que se ventile o un "case" solido ventilado.

Generalmente los trajes de estatua humana requieren de constante mantención, ya que el transporte y el sol principalmente producen pérdida de color. Las áreas o lugares de climas más cálidos proporcionan los ambientes más propensos al deterioro, sin tomar en cuenta los movimientos propios de la estatua, los cuales también afectaran la forma en que se ve.

Dependiendo de su uso, un traje debe ser repintado cada 2 semanas, al menos, para retocar detalles o áreas en las que se haya perdido el color por desgaste.

## LAVANDO EL TRAJE

Para lavar el traje podemos usar una tina o la ducha. Hay que poner especial atención en las áreas de mayor transpiración como las axilas, la espalda y el abdomen, puedes lavar tu traje cada noche especialmente en época de verano. Si tu traje ha sido pintado con pintura en aerosol, significa que irá perdiendo su color original a medida que lo lavas, lo que significa que deberás repintarlo continuamente y comprar siempre más pintura y exponerse a más toxinas. Esta es una de las razones por las que la pintura textil es siempre la mejor opción.

# 8- Preparando la sesión

Una vez que nuestro concepto esté claro en nuestra mente, y tengamos el maquillaje necesario, el traje, los accesorios y el pedestal entonces podemos comenzar los preparativos previos a nuestra sesión.

Se recomienda estrictamente nunca comenzar una sesión con el estómago vacío, por lo que debemos alimentarnos correctamente y consumir alimentos con una cantidad considerable de glucosa, de modo que nos ayude a resistir al menos una hora de exposición, de lo contrario podrías marearte con facilidad a medida que la sangre se acumula en los pies. De la misma manera es importante mantenerse atento al clima, no queremos que la lluvia o un ventarrón arruine nuestro momento.

Antes de exponerte al espacio público, es sustancial que practiques en casa algunos ejercicios de equilibrio estático sobre el pedestal, para tomar conciencia del espacio limitado en donde podrás moverte y del equilibrio. Además, puedes realizar algunos ejercicios de elongación para las piernas y pies.

## EJERCICIOS PARA MANTENER EL EQUILIBRIO ESTÁTICO

Los ejercicios de equilibrio estático son un conjunto de ejercicios que lo que pretenden es intentar ayudar a mejorar el equilibrio, además de prevenir y ayudar a controlar los síntomas de una crisis vertiginosa. Estos ejercicios hay que realizarlos diariamente en casa y se trabaja, sobre todo, el sistema músculo-esquelético: la marcha, la fuerza y la sensibilidad y la coordinación.

- Mantenerse en cada punto 10 segundos y repetir 10 veces lentamente
- Puede repetirse con los ojos cerrados
- Al principio puede realizarse con un leve apoyo de las manos para mantener el equilibrio

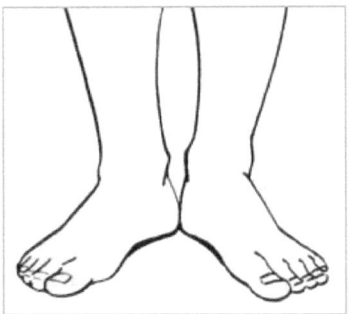

Puedes comenzar manteniendo el equilibrio en el pedestal con los talones juntos y cerrar los ojos, esto ayudará a tener mayor confianza en tus movimientos.

Luego puedes separar los talones, de modo que separes los pies hasta los bordes del pedestal.

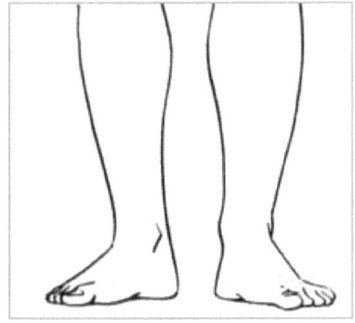

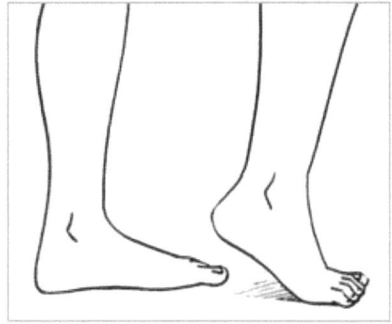

Después puedes comenzar a levantar un talón e intentar mantenerte en esa posición por algunos segundos, cambiar de talón y repetir.

De manera contigua, puedes levantar ambos talones e intentar permanecer así algunos segundos, bajando la planta de los pies y volver a intentarlo unas 5 a 10 veces.

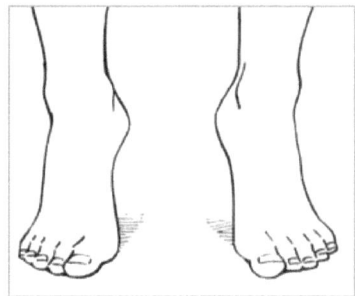

Luego de esto, puedes poner un pie enfrente de otro y cargar tu peso hacia el frente, lo más que puedas, manteniendo el equilibrio con los brazos al frente, el talón del pie trasero apoyado en el pedestal y el pie delantero en punta, después regresar a la postura original y luego cambiar de pie y hacer el mismo ejercicio.

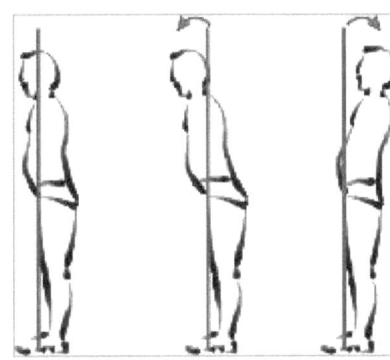

Finalmente, inclinar el cuerpo hacia delante y hacia atrás apoyando el peso en los dedos de los pies sin elevar los talones.

Llevar el abdomen hacia delante apretando los glúteos. Llevar los glúteos hacia atrás apretando el abdomen

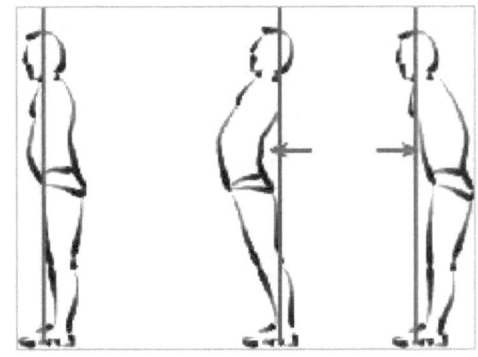

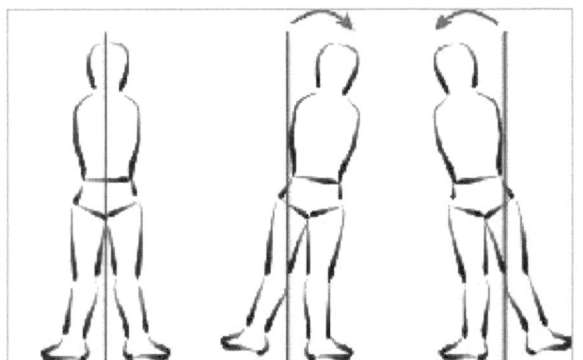

Inclinar el cuerpo hacia la derecha o la izquierda y apoyando el peso en el pie del mismo lado.

## POSTURAS

La primera postura que debemos tomar en cuenta es la "postura de descanso" lo cual es muy similar a la postura encontrada en la famosa estatua de Miguel Ángel – El gran David (img.12). El apoyo principal está en solo una de las piernas, permitiendo así que usted pueda permanecer bastante tiempo quieto. Luego de pasar algunos minutos, usted puede cambiar la pierna de apoyo.

(img.12) Una de las mejores esculturas de todos los tiempos, la estatua de *David* de Miguel Ángel encarna la estética del arte del Alto Renacimiento. Representando al héroe bíblico a punto de combatir con Goliat, una analogía apta para una ciudad florentina acosada por poderosos rivales, la escultura de mármol se situó fuera del Palazzo Vecchio, el centro del gobierno cívico de Florencia, donde permaneció hasta 1873.

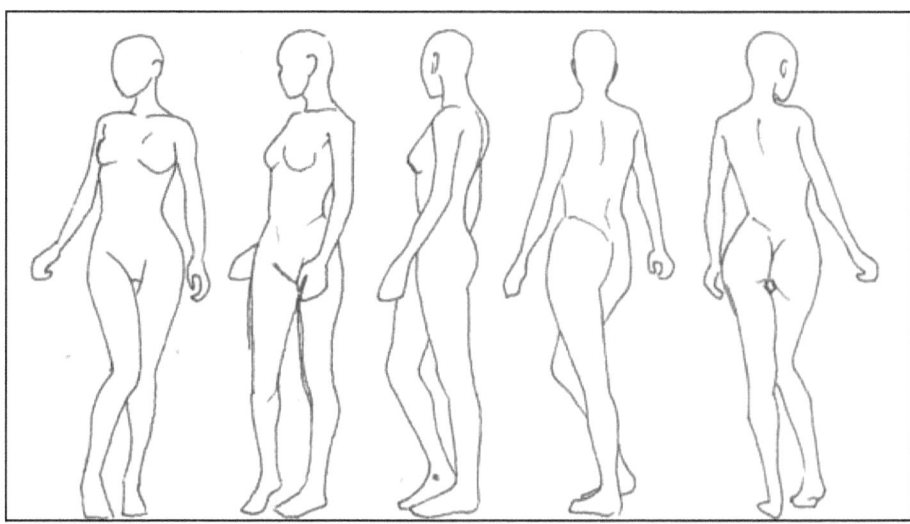

(img.13) Ilustración que demuestra la postura de descanso, en donde la pierna izquierda sostiene el mayor peso del cuerpo.

Como podemos observar en la imagen (img.13), el apoyo principal se encuentra en una sola de las piernas y será entonces nuestra postura base, a la cual recurriremos siempre que estemos cansados.

En conclusión, podemos decir que de acuerdo a nuestro personaje debemos seleccionar cuáles serán los movimientos que caracterizarán nuestra actuación, además del estilo de nuestros movimientos, pues como hemos visto anteriormente, es posible realizar desde el mínimo movimiento como en el caso de las estatuas que solo mueven sus ojos o bostezan, hasta estatuas humanas que mueven todo su cuerpo e interactúan con el público de forma mucho más activa.

La mayoría de la gente piensa que este este arte se trata solo de la habilidad para de quedarse quieto, pero como podemos observar es mucho más sutil que eso. Cualquiera puede quedarse quieto, esa no es una habilidad muy especial. El secreto para ser una buena estatua viviente es controlar bien los tiempos y la calidad de sus movimientos. Se trata de averiguar cuándo y cómo moverse, además de establecer el contacto con el público y comunicar el mensaje correctamente. Cuando te mueves, tienes que crear la ilusión de que realmente estás hecho de bronce o piedra, y hacer que la gente piense que están viendo como "te rompes" al moverte.

## EL CONTROL DEL TIEMPO

Con los ojos cerrados, es difícil hacer un seguimiento del tiempo, y es probable que al principio hagamos diferencias de tiempo en los movimientos ya que no controlaremos nuestra "performance" cada vez que escuchemos una moneda caer, o simplemente "despertemos" de nuestro estado de estatua para hacer algún movimiento de descanso.

Algunas estatuas sitúan su teléfono en la cintura o el borde del calcetín con una alarma de vibración cada 1 minuto, y así poder recordar que es hora de cambiar de posición. En mi caso, prefiero moverme sólo cuando me siento cansado de la postura, o si es que nadie ha solicitado un saludo o entregado una moneda, esto me permite controlar los movimientos de acuerdo a mi propio ritmo y tolerancia de cansancio. En ocasiones solo programo el temporizador para que me avise después de una hora y media o dos horas, indicándome que ya es tiempo de terminar la sesión.

## OBTENER DINERO DE MI SESIÓN

Como hemos nombrado anteriormente, la magia comienza desde que cae la moneda, éste es el gatillo de la actuación que será la señal del público. Generalmente las estatuas posicionan un sombrero o caja con algunas monedas para que no se mueva fácilmente del piso o por el viento y, si tienes una cábala, puedes poner allí algún dólar u objeto de suerte.

No todas las presentaciones de estatuas implican dinero en modo de "propinas" que caen en un sombrero o recipiente, ejemplos de esto, puede ser que seas contratado por un tiempo determinado en inauguraciones de proyectos, fiestas temáticas, exposiciones de arte, etc. O bien, participes voluntariamente y sin fines de lucro en concursos de talentos, de arte urbano, y exposiciones artísticas en general.

Muchas estatuas humanas realizan sus actividades con la intención de obtener dinero, y al igual que en mi propia experiencia, mi intención inicial implicaba este objetivo, el que hasta ese entonces desconocía la cantidad que obtendría por una sesión de dos horas. La cantidad que se puede obtener en espacios urbanos obviamente varía dependiendo del país en el que te encuentres, la estación del año, el día del mes y hasta la hora del día, y podría ser desde 15 hasta 40 USD por hora aproximadamente.

Aun así, la experiencia de la mayoría de los artistas callejeros afirma que es conveniente realizar esta actividad como una alternativa de tiempo parcial y no como una actividad de tiempo completo. Así también todos coinciden en que es conveniente no realizar más de una sesión diaria.

# 9- Situaciones de riesgo y consejos prácticos

Toda actividad que se desarrolla en espacios públicos conlleva ciertos riesgos inherentes a corto y largo plazo, lo que al mismo tiempo representa el mayor desafío de todo artista urbano: La habilidad mental y social de saber sobrellevar cada situación peligrosa o riesgosa. En esta sección del texto analizaremos algunas situaciones constantes y respuestas prácticas recopiladas de profesionales con experiencia de distintas locaciones del mundo.

## RIESGOS A LARGO PLAZO

Artistas con más de 10 años de experiencia en esta área afirman que pueden sentir la acumulación de sangre en las piernas a medida que avanza el tiempo, por lo que aconsejan mantenerse siempre en forma y caminar de manera regular y/o practicar un deporte.

En cuanto al cuidado de la piel, también afirman que el uso de cremas de calidad cuestionable afecta el desarrollo de arrugas. Así también esto se ve potenciado por la exposición directa a la luz solar, la cual podría propiciar el traspaso de partículas tóxicas a la cara. No hay casos conocidos y documentados hasta ahora de personas que hayan desarrollado enfermedades o cáncer a la piel por causa del uso de cremas o pintura para el rostro.

## RIESGOS A CORTO PLAZO

Todos los riesgos a corto plazo implican casi siempre la posible participación de terceros, estatuas de todo el mundo hablan sobre cómo la hostilidad e inmadurez de algunas personas no deseadas que en ocasiones han sido la "prueba de fuego".

Valy, un plomero que se desempeña como estatua humana de tiempo libre de Covent Garden – London (img.14) representa al "Hombre dorado que desafía la gravedad", en una entrevista para el diario digital The Telegraph, explica que en dos ocasiones le han robado el sombrero con monedas, además le han vertido una botella de Coca-Cola en la cabeza e incluso dice que una vez un hombre ebrio le bofeteó en el rostro diciendo "Pensé que no eras real". Estas experiencias son parte del discurso que comúnmente abunda en los artistas estatuas. Aquí encontraremos algunos tips que nos ayudarán a sobrellevar distintas situaciones adversas:

(img. 14) Valy, un hombre de 33 años y plomero que se desempeña como estatua humana de tiempo libre de Covent Garden –London Representa al "Hombre dorado que desafía la gravedad".

-Nunca reacciones de forma violenta ante alguien que te moleste o golpee. Siempre puedes hablar fuerte y claro a la gente que insista en molestar. Puedes olvidar que eres una estatua por un instante y encararles. Si quieres, puedes explicar que te es desagradable, y que es una fuente laboral para ti. Si la situación es más grave es recomendable realizar la rutina cerca de alguna estación de policía para actuar rápidamente o mantener números de policías en el directorio del teléfono en caso de robo o personas que te violenten.

-Evita realizar movimientos repentinos demasiado bruscos que puedan afectar al público o personas que se encuentren demasiado cerca de ti, especialmente si son niños o personas de edad avanzada. Podrías darles un gran susto y en el peor de los casos, hacer un niño llorar o causar un infarto.

-Cada vez que tengas una cantidad considerable de dinero procura vaciar tu recipiente y dejar solo una pequeña cantidad. El tener demasiado dinero acumulado podría ser una tentación para los ladrones.

-Si alguien roba tu recipiente de monedas es recomendable que no lo persigas. Podrías exponerte a que te causen daño y además dejarías el resto de tus pertenencias sin supervisión. Lo mejor es pedir ayuda inmediatamente al público y luego llamar a la policía, ¡Nunca sabes cuándo un buen ciudadano con experiencia en artes marciales pueda darte una mano!

-Puedes atar tu recipiente al pedestal de base con una cadena de forma oculta. Puedes usar un amarre metálico de bicicleta y ocultarlo debajo del sombrero. De esta manera si alguien intenta tomarlo, se llevará una gran sorpresa.

-La gente a veces se queda ahí a tu lado haciendo comentarios y olvidará que puedes escucharlos. Pueden decir muchas cosas, como discutir si creen que eres delgado o gordo. O decir cosas como "Espero que le paguen bien". No te preocupes por este tipo de comentarios que no van al caso. Así como hay gente que no considera tu arte como válido, también encontrarás muchos comentarios alentadores de gente agradecida que aprecia lo que haces.

-El otro efecto que tiene es que la gente se quedará muy quieta a tu alrededor, como si fueras contagioso. O, por el contrario, otras personas permanecerán a tu lado como si no existieras. Tu solo has tu trabajo. Diviértete en cada momento y todo será agradable.

-Es común que algunos niños o incluso adultos intenten hacerte reír para distraerte. Si tu no quieres reír, una excelente forma de hacerlos terminar con su juego es abrir los ojos y mirar a uno de ellos fija y seriamente. ¡No hay nada más espantoso que vivir aquella situación!

- Si necesitas rascar una picazón es entendible que lo último que quieras hacer es romper la ilusión. La mayoría de las veces, el picor desaparece de forma natural, pero si no puedes esperar, tendrás que rascarlo mientras te mueves, asegurándote de que nadie se dé cuenta. Como estatua viviente, es un problema con el que tendrás que aprender a lidiar, ya que sucede durante cada actuación.

-Es común que algunos padres intenten hacer que sus hijos pongan una moneda o te den la mano cuando ellos no quieren y están asustados. Es una sensación muy desagradable porque obviamente no queremos asustarles más de lo que están. En esa situación puedes hacerles un gesto de "no" o "pare" sutilmente a aquellos padres. Siempre es una oportunidad de educar a la audiencia, y darles a entender que no es necesario que hagan a sus hijos pasar por ese desagradable momento.

-En muchas ocasiones, habrá grupos de jóvenes que harán comentarios grotescos u hostiles acerca de tu apariencia. Si tienes un buen sentido del humor (algo totalmente necesario para este arte) siempre puedes salirte con la tuya. Cuando he vivido este tipo de situaciones "despierto" y llamo a alguno de ellos con un gesto, le invito a darme la mano y luego un abrazo y me vuelvo a petrificar. Esto causa muchas risas y así transformaras el clima de la situación. También, mientras te dan la mano, puedes tomar su gorra o lentes y ponértelos tú mismo, y volver a recuperar tu postura erguido, lo que, dependiendo de la altura del pedestal, quedará naturalmente fuera del alcance de la persona. El público siempre entiende que debe lanzar otra moneda para tener las pertenencias de vuelta. Si te das cuenta de que no tienen más dinero, puedes devolverlas de forma amable.

-Por último, algo que es seguro que suceda en algún momento de tu sesión, será que algunas personas se tomarán muchas fotografías junto a ti, quizás en grandes grupos y tú puedes posicionarte de alguna forma especial para hacer una buena fotografía esperando que sea bien recompensado, pero finalmente darán la media vuelta y no habrá dinero alguno, haciendo que incluso que sientas que "perdiste tu tiempo" en aquello. Pero tranquilo, estas son cosas muy normales y debes acostumbrarte. De la misma forma, muchas personas arrojarán monedas a tu sombrero y seguirán su camino sin ni siquiera voltearse para verte.

Todos estos tips están enfocados en advertirte de ciertas situaciones desagradables y entregar orientaciones para enfrentarlas, pero no debemos dejar de lado el sin número de experiencias llenas de riqueza emocional que podrás vivir. Cada sesión aportará nuevas situaciones que te irán fortaleciendo y entregando confianza en ti mismo y tus capacidades artísticas, probablemente redefinirás tu personaje a medida que vas conociendo tu estilo de presentación, y aunque ser una estatua humana es una arte solitario, podrás conocer otras estatuas y/o artistas urbanos con los cuales podrás compartir experiencias similares como lugares en donde cambiar tus monedas por billetes o donde encontrar mejores productos de maquillaje o decoración. La invitación está abierta, atrévete a intentarlo, y a disfrutar de una experiencia única que solo los artistas urbanos pueden experimentar, no hay nada como montar tu propio espectáculo callejero y recibir la sonrisa de una niña sorprendida, o el agradecimiento que la gente te pueda dar al ver que realizas un trabajo respetuoso y de excelencia.

# 10. Glosario de conceptos básicos

**APRECIACIÓN DEL ARTE:** La apreciación artística puede considerarse como el área de o conocimiento que estudia y valora las diferentes manifestaciones artísticas que el hombre ha realizado a través de su historia. Su propósito es comprender al arte como una actividad inherente en el desarrollo de toda sociedad humana en la cultura. La apreciación artística y el análisis crítico sobre una obra de arte obedecen a una necesidad. La de tener un interlocutor entre el creador y el público.

**ARTE:** Acto mediante el cual, valiéndose de la materia o de lo visible, imita o expresa el hombre lo material o lo invisible, y crea copiando o fantaseando. En sentido amplio, podemos denominar como Arte a toda creación u obra que exprese lo que el hombre desea exteriorizar, obedeciendo a sus propios patrones de belleza y estética. El artista para crear, requiere ante todo estar dotado de imaginación, a través de la cual responde al vasto y multiforme mundo externo expresando sus sentimientos por medio de palabras, formas, colores y sonidos.

**BUSKING:** En la cultura anglosajona del siglo XXI se ha impuesto un tipo de espectáculo callejero denominado «busking» o actuación de artistas callejeros («buskers»), que lingüísticamente tiene su origen en espectáculos así llamados ya desde 1860. ¨Busker¨ y el verbo ¨to busk¨ pudieran tener su etimología en el término verbal italiano «buscare» o el español «buscar», que en la cultura angloparlante hacen referencia a los artistas que buscan fama y fortuna (buskers). A su vez, el término ¨buscar¨, según el diccionario de la lengua española de la Real Academia, procede de la voz indoeuropea «bhudh-skō» (ganar, conquistar), si bien la relación resulta bastante insólita.

48

**ESCULTURA:** La Escultura es el arte de crear formas expresivas de tres dimensiones reales, sean volúmenes, cuando se emplean materiales compactos, sean objetos en los que predomina el espacio, apenas delimitado o indicado mediante ejes que lo recorren, cuando se emplean materiales que pueden reducirse a hilos, cintas, cuerdas, etc. o materiales transparentes. La primera forma es la tradicional, la segunda se desprende del carácter que tiene la escultura de vanguardia, pero ambas afirman la tridimensionalidad. El escultor tradicional crea formas volumétricas modelando una sustancia dotada de cierta plasticidad, como la cera y la arcilla húmeda, o tallando materias duras como la piedra, el granito, la madera, el marfil, o bien haciendo moldes que le permiten reproducir en relieve lo que aquellos representan en hueco. El escultor moderno crea formas espaciales utilizando piezas de hierro fundido, hilos de alambre, cintas de acero, filamentos de madera, cuerdas de violín y materiales plásticos variados.

**ESTATUA HUMANA – ESTATUA VIVIENTE:** Es una persona, que generalmente es un artista que trabaja en la calle, o que presta servicios particulares posando como una estatua por un tiempo determinado, normalmente con maquillaje y vestimenta semejante a una estatua que simula ser de piedra, metal, madera, etc. Al mismo tiempo, se reconoce que éste traje ha sido confeccionado de forma artesanal y autónoma, por lo que resulta un efecto llamativo para las personas que lo aprecian.

**PINTURA:** Arte que representa en superficie plana cualquier objeto real o imaginario por medio del dibujo y el color. Los testimonios más antiguos del arte humano son dibujos y pinturas que los primitivos habitantes del planeta dejaron en cavernas prehistóricas, estas pinturas fueron llamadas Rupestres. Desde el punto de vista técnico la pintura se dice que es al fresco cuando se aplica a paredes y techo usando colores disueltos en agua y cal; al óleo cuando ha sido elaborada con colores desleídos en aceite secante, por lo general sobre una tela.

La pintura al pastel se efectúa con lápices blandos y pastosos; la acuarela emplea colores transparentes diluidos en agua; a la aguada se llama el procedimiento de emplear colores espesos, templados con agua de goma y miel; pintura al temple es la preparada con líquidos glutinosos y calientes, en ella se emplea entre otros productos, el agua de cola. En la llamada de porcelana se usan colores minerales endurecidos y unidos por medio del fuego.

**PEDESTAL DE ESTATUA:** Pedestal procede del francés *piédestal* y hace referencia al cuerpo sólido que sostiene una columna, una estatua o algo semejante. Los pedestales suelen tener forma cilíndrica o de paralelepípedo rectangular. Para la arquitectura, el pedestal es el soporte prismático que sostiene otro soporte mayor. El pedestal está compuesto por el zócalo, el dado y la cornisa.

Es importante determinar que existe una gran variedad de tipos de pedestales dentro del ámbito arquitectónico. Así, en este sentido, podríamos destacar los suaves, que tienen forma de tronco; los adornados, que son aquellos que apuestan por tener armas o bajorrelieves de distinta tipología; los continuos, que siguen un orden establecido, y los irregulares, que son los que poseen caras y ángulos totalmente diferentes.

**PERFORMANCE:** El término performance no forma parte del diccionario de la Real Academia Española (RAE). No obstante, podríamos establecer que este término es un anglicismo que se ha formado a partir del verbo *perform*, que puede traducirse como "actuar o interpretar". La palabra, de todas formas, es muy habitual para nombrar a cierta muestra o representación escénica que suele basarse en la provocación.

Una performance, por lo tanto, intenta sorprender al público ya sea por su temática o por su estética. Este tipo de acciones están vinculadas a la improvisación, el arte conceptual y los happenings (manifestaciones artísticas que contemplan la participación del público).

**ARTES VISUALES:** En su sentido más general, son las que se relacionan con la impresión e ilustración, las que se expresan por medio de gráficos e imágenes; abarca todas las artes que se representan sobre una superficie plana. Las Artes Visuales tienen como función el comunicar lo que el artista desea expresar por medio de un lenguaje visual, atendiendo tanto a los elementos compositivos como a los principios compositivos, para que la obra en sí resulte agradable y de buen gusto para quien la observe.

# 11. Bibliografía

http://www.ciber-arte.com/escultura/

https://www.soychile.cl/Arica/Espectaculos/2017/05/15/464031/Estatua-humana-de-paso-por-Arica-busca-postular-a-Festival-internacional-en-Holanda.aspx

http://www.worldlivingstatues.nl/

https://es.wikipedia.org/wiki/Estatua_viviente

https://www.soychile.cl/Arica/Espectaculos/2017/05/15

https://www.telegraph.co.uk/men/the-filter/whats-it-like-to-be-a-living-statue-in-london/

Autores: Julián Pérez Porto y María Merino. Publicado: 2010. Actualizado: 2014.

http://plasticas.dgenp.unam.mx/inicio/introduccion/elementos_ap

Wright, Edward A. Para comprender el Teatro Actual.

Tercera reimpresión. Fondo de Cultura Económica. 1995

Definición de pedestal (https://definicion.de/pedestal/)

Definición de performance (https://definicion.de/performance/)

https://es.wikipedia.org/wiki/Performance

Foto de portada: Foto por Yves Hernán Artistas llamados "Le couple en chocolat" presentándose en el festival "Statues en Marche" in Marche-en-Famenne, Belgica, Julio 22, 2018.

Juan Carlos Constant Velásquez un artista multidisciplinario, dibujante, pintor, muralista y artista del tatuaje free lance que se ha desempeñado como estatua viviente en variados espacios urbanos de su país natal Chile. También es Licenciado en Educación, Profesor de Inglés y Educador Diferencial de la Universidad de Tarapacá. Actualmente se desempeña como Docente Universitario de Didáctica y Asesor de Educación en la Junta Nacional de Jardines Infantiles en Arica – Chile.

www.ingramcontent.com/pod-product-compliance
Lightning Source LLC
Chambersburg PA
CBHW051403280526
45784CB00007B/3077